海量阅读
经典书系

有意思的古文课4

韩兴娥　文小丹　齐若谷 · 编著　　陈伟 · 绘画

二十一世纪出版社集团
21st Century Publishing Group

图书在版编目（CIP）数据

有意思的古文课 . 4 / 韩兴娥等编著 .
— 南昌 : 二十一世纪出版社集团 , 2020.9（2021.1 重印）
（海量阅读经典书系）
ISBN 978-7-5568-5138-6

Ⅰ . ①有… Ⅱ . ①韩… Ⅲ . ①文言文 — 中小学 —
教学参考资料 Ⅳ . ① G634.303

中国版本图书馆 CIP 数据核字 (2020) 第 148468 号

海量阅读经典书系
有意思的古文课 4
YOU YISI DE GUWEN KE 4　　韩兴娥　文小丹　齐若谷　编著　陈　伟　绘画

出 版 人　刘凯军
项目统筹　马　婷
责任编辑　马　婷　丁　媛
装帧设计　杨　静
出版发行　二十一世纪出版社集团有限公司
（江西省南昌市子安路 75 号　330025）
www.21cccc.com　cc21@163.net
承　　印　江西千叶彩印有限公司
开　　本　787 毫米 ×1092 毫米　1/16
印　　张　8
印　　数　10001 ~ 30000
字　　数　110 千字
版　　次　2020 年 7 月第 1 版
印　　次　2021 年 1 月第 2 次印刷
定　　价　40.00 元

赣版权登字 -04-2020-446　

序言

中华古文经典是我们的民族智慧、民族心灵的庞大载体，是我们民族生存、发展的根基，也是几千年来维系我们民族屡经重大灾难而始终不解体的坚强纽带。中华文明流传千古，究其原因，很重要的一点就是中华文明保留着绵延不断的文化经典，《诗经》《道德经》《论语》《孟子》，魏晋散文、唐诗、宋词、元曲、明清小说……几千年来无数高贵而有趣的灵魂，用生命粹成的经典烛照着一代又一代中华子孙从蒙昧中走来，向着文明和美好一步步迈进。这些经典是民族的文化之源、精神之根、生命之魂，有着巨大的种子能量。我们提倡现代儿童读经典，其初衷就是把中华文化的种子播撒在孩子幼小的心田里，并且随着儿童的精神体魄一起发芽、成长、开花、结果，然后世代相传。

孩子在十一二岁的年纪，记忆力好，理解力也增强了，价值观正开始形成，倘若在这个阶段能多接受一些古典文化的熏陶，并且喜爱上这些流传千古、脍炙人口的美好篇章，将是他们一生受用不尽的宝贵财富。现代文学大师巴金先生妙笔生花，写得一手锦绣文章，有人问他是怎么学写文章的，他说，把《古文观止》背诵过之后，文章自然就写出来了。古文经典就是有这样的力量，这样的经典，怎么能让我们的孩子错过呢?

韩兴娥老师的学生是有福气的，“海量阅读”的师生们也是有福气的，我很了解并欣赏韩兴娥老师“海量阅读”的教学理念，也听过韩老师上的语文课。韩老师的课非常精彩，主要不是因为教师讲得精彩，而是她的学生发言精彩，班上很多学生即兴发言，引经据典，口若悬河，出口成章，真让听课的教师们心悦诚服。那天坐在我身旁听课的一位高中语文教师，赞叹说，他所教的高中学生，知识面也不过如此。课后我问韩老师为何她的学生能这样出彩，韩老师说她一直在课内外让孩子读海量的书，不同学龄段的孩子读不同的书：儿歌、古诗词、成语故事、古文……

现在，韩老师把她古文课的教学内容编纂成书了，这实在是孩子们的福音。韩老师有一个本事，她总是能化繁为简，变难为易，让孩子学得轻松，老师教得不累。文言文难读、难诵，常给人以艰深晦涩之感，究其原因，无外有二：一是古文中许多文字在现代文中已不常使用，字音难读、词意难解；二是古之文法较于当今的语言习惯已有许多不同，文意难解。两者中，又以字词难解、难读最令人困扰。韩老师的这套《有意思的古文课》成功地消解了这两大难点：第一，原文与译文以对开页编排，阅读时相互对照，意思一目了然，有助于理解文意；第二，古文中难读费解的字词，文中有注音，文下有注释，有些难理解的字词旁用小漫画图解，帮助孩子理解词义，这真是极具创意的，这样的编排使得让人望而生畏的古文，一下子变得亲切有趣又活泼可爱起来，孩子读起来会更轻松；第三，古文原文采用普通话朗读和“陈琴歌诀乐读法”两种方式诵读，普通话朗读有助于正音，“陈琴歌诀乐读法”诵读有助于记诵。“素读经典”创始人陈琴老师的“歌诀乐读法”可以说是学习古诗文的独家秘籍，这次由她的得意门生彭弘老师为韩兴娥老师这套书献声，真是“强强联合”，足见两位名师的情谊。

有人将“经典”局限于先秦儒家经典，也有人认为小学生诵读最好以唐宋诗词为主，这样的观点无疑会大大窄化经典诵读的内容，不利于传承中华民族优秀的传统文化，对那些阅读文言文有潜力的孩子更是损失。教育部颁发的《语文课程标准》强调加强中华传统文化教育，最新推出统编教材入选古诗文的数量比原来人教版教材增加了近 80%，但是每册教材中入选的古文数量不多，而且大多为篇幅短小的寓言故事、成语故事等，很难满足那些对古文有兴趣、并且有阅读潜力的孩子的需要。中国几千年流传的文化典籍浩如烟海，历代美文名篇不胜枚举。这套《有意思的古文课》一套四册，所选古文从春秋战国一直到明清时代，选的都是经典中的经典，比如《劝学》《桃花源记》《陋室铭》《狼》等。作为中国人，如果你不读这些篇章是要遗憾的，是要失根的，是会让你的文化生态链断裂的，这些篇章是你此生必读之经典。有人说这些经典古文很好，但是儿童读不懂，或者是似懂非懂。其实随着儿童心智的不断成熟，幼时积淀到生命深处的东西会慢慢酝酿，慢慢发酵，最后化为一个人独特的素质和修养——这是长大以后无论怎么学习都无法弥补和赶上的，这就是所谓的童子功。这套丛书将教育部要求小学、初中、高中阶段学习的古文，基本收录其中了，并依难易程度按学龄特点分册编排。

希望此书的出版，能让那些喜欢经典的孩子可以了解我们的祖先，我们的文化，我们的文学！愿孩子们能将中华文化的种子植入心田，静待开花！也愿韩兴娥老师“海量阅读”之路越走越远，惠及更多老师和孩子！

上海师范大学 吴忠豪

2020 年 2 月 19 日　写于海廷

目录

01

劝学

荀子

战国

姓名 荀子

别称 名况，字卿，尊称荀卿，又称孙卿

出生地 战国赵国（今址有争议）

生卒年 公元前 313 年—前 238 年

政务能力 70%

曾三次出任齐国稷下学宫的祭酒

后为楚兰陵（今山东兰陵县）令

思想造诣 90%

战国时代儒学宗师　素有“诸子大成”的美称

提出“性恶论”　重视教化

文学造诣 80%

“辞赋之祖”　《荀子》开创以赋为名的文学体裁

生命指数

75 岁

我们为什么要终身学习

学习是不能停止的。也许荀子是最早提出“终身学习”概念的人。

荀子认为一个人必须重视后天的学习，只有不断矫正自己，才能成为真正的君子。《劝学》中的学习，不仅指知识本身，更指习惯与修养。荀子让我们知道，聪明不能替代勤奋，天才也要苦读，拼尽全力。天才不等于优秀的基因，而等于利用好时间，天才是把眼前的每一题做到极致、每一篇作文写到最好。

学习中最大的障碍，就是对现状的自满。荀子教我们要避免做固定型的人，要做以努力为豪、永远寻求挑战机会的成长型的人。

荀子期待，每一个读过《劝学》的孩子都能终身学习，一旦点燃了内驱力，你将成为更好的自己。

① 君子曰：学不可以已。

② 青，取之于蓝，而青于蓝；冰，水为之，而寒于水。木直**中**(zhòng)**绳**，**輮**(róu)以为轮，其曲中(qū zhòng)**规**。虽有(yòu)**槁**(gǎo)**暴**(pù)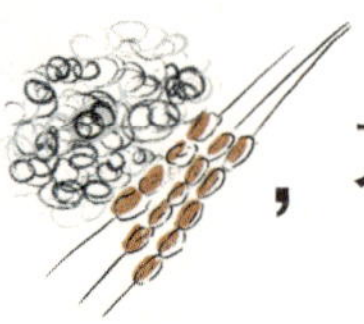，不复挺者，**輮**使之然也。故木受绳则直，金**就砺**(lì)则利，君子博学而日**参**(cān)省(xǐng)乎己，则**知**(zhì)明而行无过矣。

解字析词

- 中绳：（木材）合乎拉直的墨线。古代木工用拉直的墨线取直。
- 輮：使木条弯曲。这个意义也作“煣”“揉”。一种手工艺，用火烤使木条弯曲。
- 槁暴：晒干。槁，枯。
- 就砺：拿到磨刀石上去磨。砺，磨刀石。就，动词，接近，靠近。
- 参：验，检查。
- 知：智慧。这个意义后来写作“智”。

①君子说：学习是不可以停止的。

②靛青是从蓼蓝里提取的，可是比蓼蓝的颜色更深；冰是水凝结而成的，却比水还要寒冷。木材本来直得符合拉直的墨线，可是一旦用煣的工艺把它弯曲做成辋，其弯度就合乎圆的标准。即使又晒干了，木材也不会再挺直，那是因为经过加工，它就变了样子。所以木材用墨线量过（再经辅具加工）就能取直，刀剑等金属制品在磨刀石上磨过就能变得锋利，君子广泛地学习，加上每天对自己的思想行为进行检查，他就会变得聪明机智，行为就不会出现过错了。

日益精进

◆ 蓼（liǎo）蓝草

一年生草本植物，茎红紫色，叶子长椭圆形，干后呈暗蓝色。花淡红色，穗状花序，结瘦果，黑褐色。叶子含蓝汁，可以做蓝色染料。

3 吾尝终日而思矣，不如须臾(yú)之所学也；吾尝**跂(qǐ)而望矣**，不如**登高之博见也**。登高而招，臂非加长也，而见者远；顺风而呼，声非加**疾**也，而闻者彰。**假(jiǎ)舆(yú)**马者，非**利足也**，而致千里；假(jiǎ)舟楫(jí)者，非**能水也**，而**绝**江河。君子**生(xìng)**非异也，**善假于物也**。

解字析词

- 跂：提起脚后跟。
- 疾：猛烈，这里指声音宏大。
- 假：借助，利用。舆：车。
- 水：动词，游泳。
- 绝：横渡。
- 生：通“性”，天赋、资质。

③我曾经整天思索，却不如片刻学到的知识多；我曾经踮起脚远望，却不如登到高处看得广阔。登到高处招手，胳膊并没有比原来更长，却能让更远的人看到；顺着风呼叫，声音没有比原来更洪大，却能让听者听得更清楚。借助车马的人，并不是脚走得快，却可以到达千里之外；借助舟船的人，并不善于游泳，却可以横渡江河。君子的本性跟（一般人）没有差别，只是善于借助外物罢了。

日益精进

◆《荀子》

战国时期荀子和弟子们整理或记录他人言行的哲学著作。全书一共32篇，其观点与荀子的一贯主张是一致的。荀子的文章擅长说理，组织严密，分析透辟，善于取譬，常用排比句增强议论的气势，语言富赡警炼，有很强的说服力和感染力。

④ 积土成山，风雨兴焉；积水成渊，**蛟**龙生焉；积善成德，而神明自得，圣心备焉。故不积**跬**(kuǐ)**步**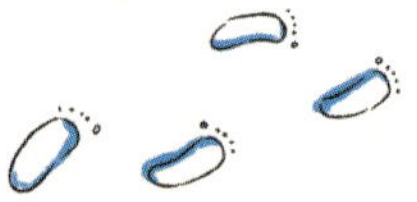，无以至千里；不积小流，无以成江海。**骐骥**(qí jì)**一跃**，不能十步；**驽**(nú)**马十驾**，功在不舍。

解字析词

- 蛟：一种似龙的生物。
- 跬步：古代称跨出一脚为“跬”，跨两脚为“步”。
- 驽马十驾：劣马拉车连走十天，（也能到达）。驽马，劣马。驾，马拉车一天所走的路程叫“一驾”。

④堆积土石成了高山，风雨就从这里产生；汇积水流成为深渊，蛟龙就从这里产生；积累善行养成高尚的品德，自然会心智澄明，也就具有了圣人的精神境界。所以不积累一脚两脚的行程，就没有办法达到千里之远；不积累细小的流水，就没有办法汇成江河大海。骏马一跨跃，也达不到十步；劣马拉车走十天，也能到，成效就在于不停地走。

日益精进

◆《劝学》里的论证方法

大量运用比喻论证进行论述，这是《劝学》的一个十分突出的特点。作品集中并列的比喻，从同一角度反复地说明问题，这种手法在修辞上叫作“博喻”，荀子作品中的博喻都是用来说明事理的。本文还大量运用对比论证，将两种相反的情况形成鲜明对照，增强文字的说服力。

锲(qiè)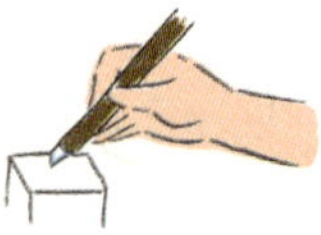而舍之，朽木不折(zhé)；锲而不舍，金石可镂(lòu)。蚓无爪(zhǎo)牙之利，筋骨之强，上食埃土，下饮黄泉，用心一也。蟹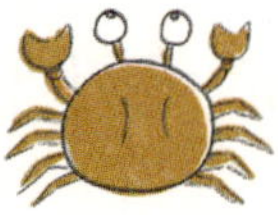六跪而二螯(áo)，非蛇鳝(shàn)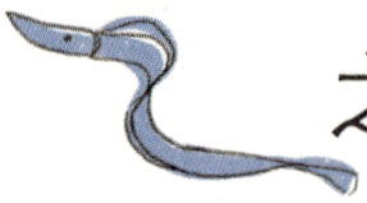之穴无可寄托者，用心躁也。

解字析词

- 锲：刻。
- 镂：雕刻。
- 跪：蟹腿。
- 螯：蟹钳。

如果雕刻几下就停下来了，那么腐烂的木头也刻不断；如果不停地刻下去，那么金石也能雕刻成功。蚯蚓没有锐利的爪子和牙齿、强健的筋骨，却能向上吃到泥土，向下喝到泉水，这是由于它用心专一啊。螃蟹有六条腿，两个钳夹，但是如果没有蛇、鳝的洞穴它就无处存身，这是因为它用心浮躁啊。

日益精进

◆ 锲而不舍，金石可镂

意指只要坚持不停地用刀刻，就算是金属、玉石也可以雕出花饰。引申为：只要坚持不懈地努力，即使再难的事情也可以做到。同义词有持之以恒、坚持不懈、皇天不负有心人、绳锯木断等。

歌诀版

朗读版

02

赤壁赋

苏轼

北宋

姓名　苏轼

别称　字子瞻，号东坡居士，谥号文忠，世称苏东坡

出生地　眉州眉山（今四川省眉山市）

生卒年　公元 1037—1101 年

文学造诣　95%

“唐宋八大家”之一　与黄庭坚并称“苏黄”　与辛弃疾并称“苏辛”　与欧阳修并称“欧苏”　散文著述宏富

才艺指数　95%

书法家（“宋四家”之一）　画家（擅长文人画，尤擅墨竹、怪石、枯木等）

生命指数

64 岁

人生如逆旅，
我亦是行人

元气丰沛、豪放不羁的人，总是不易被世人理解。本以为像苏东坡这样的千年大文豪，值得周围人虔诚地仰望，然而事实相反，越是超越时代的人，往往越不能容于他所处的时代。

他文章闻名天下，仕途却历尽艰辛；他襟怀苍生百姓，却无奈行于险阻。他早已没入历史的尘埃，但他乐天至善，坚韧自洽的理想人格，至今仍熠熠生辉。

元丰二年，四十三岁的他历劫“乌台诗案”，一番牢狱之灾，九死一生，后被贬至黄州，他放情山水，留下大量名篇，《赤壁赋》就是他与友人游览赤壁时所写。这里有他的月，他的水，月撒清辉，水流不止，听从时间的召唤，他与自我和解。不知是苏轼成就了黄州，还是黄州成就了苏轼，但确实在此地，他终将长江归还给了自己。

① 壬戌(rén xū)之秋，七月**既望**，苏子与客泛舟游于赤壁之下。清风徐来，水波不兴。举酒**属**(zhǔ)客，诵**明月**之诗，歌窈窕(yǎo tiǎo)之章。少焉(shǎo yān)，月出于东山之上，徘徊于斗牛之间。白露横(héng)江，水光接天。**纵**一苇之所**如**，**凌**万顷之茫然。浩浩乎如**冯**(píng)**虚御风**，而不知其所止；飘飘乎如遗世独立，**羽化**而登仙。

解字析词

- 既望：过了望日之后的一天。古代大月望日是农历十六日，小月望日是农历十五日。此处有争议，人教版高中语文教材必修 2 上，既望解释为农历十六日。
- 属：劝酒。
- 纵：任凭。
- 如：往，去。
- 凌：越过。
- 冯：通“凭”，乘。
- 羽化：传说成仙的人能飞升，像长了翅膀一样。

①壬戌年的秋天，时值七月望日之后，我与友人在赤壁下泛舟游玩。清风缓缓吹来，水面波澜不兴。（我）举起酒杯向同伴劝酒，吟诵《明月》中“窈窕”这一章。不一会儿，明月从东山后升起，在斗宿与牛宿之间来回移动。白茫茫的水汽横贯江面，水光连着天际。放任一片苇叶似的小船随意漂浮，越过浩瀚无垠的茫茫江面。浩浩渺渺好像升空驾风一样，并不知道到哪里才会停栖，飘飘摇摇好像要离开尘世飘飞而起，羽化成仙进入仙境。

日益精进

◆ “明月之诗”“窈窕之章”

《诗经·陈风·月出》诗首章为：“月出皎兮，佼人僚兮，舒窈纠兮，劳心悄兮。”“窈纠”同“窈窕”。故称“明月之诗”“窈窕之章”。

② 于是饮酒乐甚，扣舷(xián)而歌之。歌曰：“桂**棹**(zhào)兮兰**桨**，击空明兮溯**流光**。渺渺兮予怀，望**美人**兮天一方。”客有吹洞箫者，倚歌而和(hè)之。其声呜呜然，如怨如慕，如泣如诉，**余音袅袅**，不绝如缕。舞**幽壑**(hè)之潜蛟，泣孤舟之**嫠**(lí)**妇**。

解字析词

- 棹：一种划船工具，形似桨。
- 流光：江面浮动的月光。
- 美人：指他所思慕的人，古人常用来作为圣主贤臣或美好理想的象征。
- 幽壑：这里指深谷。
- 嫠妇：寡妇。

②（我们）在这时喝酒喝得非常高兴，敲着船边唱起歌来。歌中唱道："桂木船棹啊香兰船桨，击打着月光下的清波，在泛着月光的水面逆流而上。我的情思啊悠远茫茫，眺望美人啊，却在天的另一方。"有会吹洞箫的客人，配着节奏为歌声伴和，洞箫的声音呜呜咽咽：有如哀怨有如思慕，既像啜泣也像倾诉，尾声细弱而悠长，像细丝一样连续不断。（歌声）能使深谷中的蛟龙为之起舞，能使孤舟上的寡妇为之饮泣。

日益精进

◆ "泣孤舟之嫠妇"

这里化用了白居易《琵琶行》中写孤居的商人妻："去来江口守空船，绕舱明月江水寒。夜深忽梦少年事，梦啼妆泪红阑干。"

③ 苏子**愀**(qiǎo)**然**，正襟危坐而问客曰：“**何为其然也**？”客曰：“‘**月明****星稀**，**乌鹊****南飞**’，此非**曹孟德**

之诗乎？西望夏口，东望武昌，山川相**缪**(liáo)，郁乎苍苍，此非孟德之困于**周郎**

者乎？方其破荆州，下江陵，顺流而东也，**舳舻**(zhú lú)千里，旌旗(jīng qí)蔽空，**酾**(shī)**酒**临江，**横槊**(shuò)赋诗，固一世之雄也，而今安在哉？

解字析词

- 愀然：容色改变的样子。
- 何为其然也：（曲调）为什么会这么（悲凉）呢?
- 月明星稀，乌鹊南飞：所引是曹操《短歌行》中的诗句。
- 缪：通“缭”，盘绕。
- 舳舻：船头和船尾的并称，泛指首尾相接的船只。
- 酾酒：斟酒。
- 横槊：横执长矛。

③我（感到）不愉快，整理衣襟端坐着，向客人问道："箫声为什么这样哀怨呢？"客人回答："'月明星稀，乌鹊南飞'，这不是曹公孟德的诗么？这里向西可以望到夏口，向东可以望到武昌，山河接壤连绵不绝，目力所及，一片郁郁苍苍。这不正是曹孟德被周瑜所围困的地方么？正当他攻陷荆州，夺得江陵，沿长江顺流东下，麾下的战船首尾相连延绵千里，旗子将天空全都遮蔽住，面对大江斟酒，横执长矛作诗，本来是当时的一位英雄人物，然而现在又在哪里呢？

日益精进

◆ "孟德之困于周郎"

指汉献帝建安十三年（公元 208 年），吴将周瑜在赤壁之战中击溃曹操号称的八十万大军。周郎，指周瑜，他二十四岁为中郎将，吴中皆呼其为周郎。

◆ 曹操为什么"破荆州，下江陵"？

曹操南征之前，已经平定北方，荆州位于交通要道，面积大且经济富庶，是曹操进攻南方的跳板。江陵又是荆州囤积物资的基地，所以曹操取荆州时除了直扑政治中心襄阳外，还要抢在刘备之前占领江陵。

况吾与子渔樵于江渚之上，**侣鱼虾** 
而友麋(mí)鹿 ，驾一叶之扁(piān)舟，举**匏(páo)樽**以相属(xiāngzhǔ)。寄**蜉(fú)蝣(yóu)**于天地，渺沧海之一粟。哀吾生之**须臾(yú)**，羡长江之无穷。挟飞仙以遨游，抱明月而长终。知不可乎骤得，托遗响于悲风。”

解字析词

- 侣鱼虾而友麋鹿：把鱼虾、麋鹿当作好友。侣与友，这里都用作动词。
- 匏樽：用葫芦做成的酒器。匏，葫芦。
- 蜉蝣：一种昆虫，夏秋之交生于水边，生命短暂，仅数小时。这里比喻人生短暂。
- 须臾：片刻，时间极短。

何况我与你在江中和水边打鱼砍柴，以鱼虾为侣，以麋鹿为友，在江上驾着这一叶小舟，举起杯盏相互敬酒，如同蜉蝣置身于广阔的天地中，像沧海中的一粒粟米那样渺小。唉，哀叹我们的一生只是短暂的片刻，不由得羡慕起长江的无穷无尽。（我）想要偕同仙人遨游各地，与明月相拥而永存世间。（我）知道这些终究不能实现，只得将憾恨化为箫音，托寄在悲凉的秋风中罢了。”

日益精进

◆《国风·曹风·蜉蝣》

中国古代第一部诗歌总集《诗经》中的一首诗，借由蜉蝣这种朝生暮死的小虫，写出了脆弱的人生在消亡前的短暂美丽，以及对于终须面临的消亡的困惑，自我叹息生命短暂、光阴易逝。

④苏子曰："客亦知夫水与月乎？**逝者如斯**，而未尝往也；**盈虚者如彼**，而卒莫**消长**也。盖将自其变者而观之，则天地曾不能以**一瞬**；自其不变者而观之，则物与我皆无尽也，而又何羡乎！

解字析词

- 逝者如斯：流去的（水）像这样（不断地流去）。逝，往。斯，此，这里指水。
- 盈虚者如彼：时圆时缺的（月亮）像那样（不断地圆缺）。
- 一瞬：一眨眼的工夫。

④我问道："你可也知道这水与月？流去的（水）像这样（不断地流去），（但从整个大江来看）而并没有流去；时圆时缺的（月亮）像那样（不断地圆缺），（但从月亮本身来看）却始终没有增减。可见，从事物易变的一面看来，天地间万事万物时刻都在变动，连一眨眼的工夫都不曾停止；而从事物不变的一面看来，万物对于我们来说，都是永恒的，又有什么可羡慕的呢？

日益精进

◆ "逝者如斯夫，不舍昼夜"

传说孔子在 2500 年前听闻吕梁洪（今徐州吕梁山）地势险要，带得意弟子数人，前去观洪，孔子师徒看到山下奔流的泗水（今故黄河），有感而发，慨叹"逝者如斯夫，不舍昼夜"。形容时间像流水一样不停地流逝，一去不复返，感慨人生世事变化之快，亦有惜时之意在其中。

且夫天地之间，物各有主，苟非吾之所有，虽一毫而莫取。惟江上之清风，与山间之明月，**耳**得之而为声，**目**遇之而成色，取之无禁，用之不竭。是**造物者**之**无尽藏**（zàng）也，而吾与子之所共**适**。”

5 客喜而**笑**，洗盏**更**（gēng）**酌**。**肴**（yáo）**核**既尽，杯盘狼籍。相与**枕藉**（zhěn jiè）乎**舟**中，不知东方之**既白**。

解字析词

- 造物者：天地自然。
- 无尽藏：佛家语，指无穷无尽的宝藏。
- 适：享有。
- 更酌：交替劝饮。
- 肴核：荤菜和果品。
- 枕藉：相互枕着垫着。
- 既白：已经亮了。白，明亮。

何况天地之间，万物各有主宰者，若不属于你的，即使一分一毫也不能求取。只有江上的清风、山间的明月，听到便成了声音，进入眼帘便绘出形色，取得这些不会有人禁止，感受这些也不会有竭尽的忧虑。这是大自然恩赐的无尽宝藏，我和你可以共同享受。”

⑤客人高兴地笑了，（于是大家继续）饮酒、交替斟酒劝饮。菜肴果品都已吃完，杯子盘子杂乱一片。大家互相枕着垫着睡在船上，不知不觉，东方已经亮了。

日益精进

◆ 赤壁

赤壁之战的古战场，位于今湖北省赤壁市西北部。赤壁之战，曹操自负轻敌，指挥失误，加之水军不强，终致战败。孙权、刘备在强敌面前，冷静分析形势，结盟抗战，扬水战之长，巧用火攻，创造了中国军事史上以弱胜强的著名战例。

歌诀版　　　　朗读版

03

过秦论

贾谊

西汉

姓名	贾谊
别称	贾生、贾太傅、贾长沙
出生地	洛阳（今河南省洛阳市）
生卒年	公元前 200 年—前 168 年

政务能力 85%

割地定制　礼治天下　重农抑商　以农为本

文学造诣 90%

骚体赋代表　奠定了汉代骚体赋的基础　政论散文为后世散文发展留下宝贵遗产　代表作《过秦论》《论积贮疏》《吊屈原赋》

生命指数

32 岁

一千个人心中的一千个贾谊

一千个人心中有一千个贾谊，或叹他怀才不遇，或道他志大量小，褒贬不一，众说纷纭，但一定没人否认《过秦论》的文学之美，它就犹如不朽丰碑，伫立于汉朝历史的天空。

其年，真是汉朝盛世，可贾谊却以他敏锐的洞察力，透过表象，看到了西汉王朝潜伏的危机。为使西汉长治久安，贾谊在《过秦论》中向汉室提出了不少改革时弊的政治主张，看似“过秦”，实为“昭汉”。这篇历史上著名的政论佳作，以千钧笔力针砭时弊，行文多用骈偶，读起来铿锵有力，且句式变化多端，不显得单调。它既有辞赋的文采辉耀，更具论文的见解精辟。全文呈现出一片汪洋恣肆、锐不可当的浩瀚。

读完《过秦论》，你心中的贾谊又是什么样的呢?

①秦孝公据崤(xiáo)函之固，拥雍州之地，君臣固守以窥周室，有席卷天下，包举**宇内**，囊括**四海**之意，**并吞****八荒**之心。当是时也，商君佐之，内立法度，务**耕织**，修守战之具，外**连衡**而斗诸侯。于是秦人**拱手**而取西河之外。

解字析词

- 宇内、四海、八荒：都是天下的意思。八荒，原指八方最远的地方。
- 连衡：也写作“连横”，处于西方的秦国与东方齐、楚等国个别联合以打击其他国家，叫连横。
- 拱手：形容毫不费力。

①秦孝公占据着崤山和函谷关的险固地势，拥有雍州的土地，君臣坚守着来窥探周王室（的动静），（秦孝公）有席卷天下，征服列国，占领四海，吞并八方的想法。正当这时，商鞅辅佐他，对内建立法规制度，从事耕作纺织，修造防守和进攻的器械；对外实行连衡策略，使诸侯自相争斗。因此，秦人轻而易举地夺取了黄河以西的土地。

日益精进

◆ 商鞅

姬姓，名鞅，战国时期政治家、改革家、思想家、军事家，法家代表人物，卫国国君后代。商鞅辅佐秦孝公，积极实行变法，史称“商鞅变法”。他改革了秦国户籍、军功爵位、土地制度、行政区划、税收、度量衡以及民风民俗，并制定了严酷的法律；重农抑商、奖励耕战；统率秦军收复了河西之地。秦孝公逝世后，商鞅被公子虔指为谋反，战败死于彤地，尸身车裂，全家被杀。

② 孝公既没(mò)，惠文、武、昭襄**蒙故业**，**因遗策**，南取汉中，西举巴、蜀，东割**膏腴**(yú)之地，北收要害之郡。诸侯恐惧，会盟而谋弱秦，**不爱珍器重宝肥饶**之地，以致天下之士，**合从**(zòng)缔交，相与为一。当此之时，齐有孟尝，赵有平原，楚有春申，魏有信陵。此四君者，皆明智而忠信，宽厚而爱人，尊贤而重士，约从离衡，兼韩、魏、燕、楚、齐、赵、宋、卫、中山之众。

解字析词

- 蒙故业，因遗策：继承已有的基业，沿袭前代的策略。
- 膏腴：肥沃。
- 不爱：不吝惜。
- 合从：是六国联合共同对付秦国的策略。从，南北方向，这个意义后来写作“纵”。

②秦孝公死后，惠文王、武王、昭襄王承继先前的基业，沿袭前代的策略，向南夺取汉中，向西攻取巴、蜀，向东割取肥沃的土地，向北占领非常重要的郡邑。诸侯恐慌害怕，集会结盟，商议削弱秦国。他们不吝惜奇珍贵重的器物和肥沃富饶的土地，用来招纳天下的优秀人才，采用合纵的策略缔结盟约，互相援助，成为一体。在这个时候，齐国有孟尝君，赵国有平原君，楚国有春申君，魏国有信陵君。这四位封君，都见识英明有智谋，心地诚而讲信义，待人宽宏厚道而体恤人民，尊重贤才而重用士人，以合纵之约击破秦的连横之策，联合韩、魏、燕、楚、齐、赵、宋、卫、中山的军队。

日益精进

◆ 合纵连横

是战国中期产生的一种外交策略。战国中期，诸侯都先后称了王，发展成为“万乘”的大国，不断吞并周围小国。较弱小的国家为了自身生存，就相互联合抵抗强大的国家来侵。抵抗一经失败，又纷纷转向强国以图自保，于是，“合众弱以攻一强”的“合纵”策略，及“事一强以攻众弱”的“连横”策略就应时而提出了。

于是六国之士，有宁越、徐尚、苏秦、杜赫之属**为之谋**，齐明、周最、陈轸(zhěn)、召(shào)滑、楼缓、翟景、苏厉、乐毅之徒**通其意**，吴起、孙膑、带佗、倪良、王廖、田忌、廉颇、赵奢之伦**制其兵**

。尝以十倍之地，百万之众，**叩关**

而攻秦。

解字析词

- 通其意：沟通他们的意见。
- 叩关：攻打函谷关。叩，攻击。

在这时，六国的士人，有宁越、徐尚、苏秦、杜赫等人为他们出谋划策，齐明、周最、陈轸、召滑、楼缓、翟景、苏厉、乐毅等人沟通他们的意见，吴起、孙膑、带佗、倪良、王廖、田忌、廉颇、赵奢等人统率他们的军队。他们曾经用十倍于秦的土地，上百万的军队，攻打函谷关，进攻秦国。

日益精进

◆ 函谷关

自古为兵家必争之地，西据高原，东临绝涧，南接秦岭，北塞黄河，是中国历史上建置最早的雄关要塞。战国时，战国七雄除秦以外的其余六国曾联合对抗秦国，但秦国在函谷关成功抵御住六国联军的攻势。此后两千年间，地势险要的函谷关常常成为军事争夺的对象，包括唐代安史之乱，甚至抗日战争等。

秦人开关延敌，九国之师，**逡巡**(qūn xún)而不敢进。秦无亡矢遗镞(zú)之费，**而天下诸侯已困矣**。于是从散约败，争割地而赂秦。秦有余力而**制其弊**，**追亡逐北**，伏尸百万，**流血漂橹**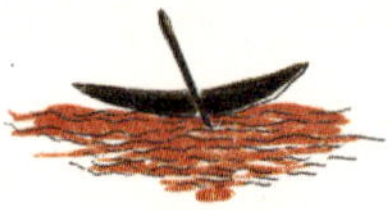；因利乘便，宰割天下，分裂山河。强国请服，弱国入朝。延及孝文王、庄襄王，享国之日浅，国家无事。

解字析词

- 逡巡：有所顾虑而徘徊不敢前进。
- 制其弊：控制并利用他们的弱点。
- 追亡逐北：追逐逃走的败兵。北，溃败（的军队）。

秦人打开函谷关口迎战敌人，九国的军队有所顾虑，徘徊不敢入关。秦人没有一兵一卒的耗费，天下的诸侯却已窘迫不堪了。因此，各国的联合解体了、缔结的盟约废除了，各诸侯国争着以割地去送给秦国。秦国保存了剩余的力量，趁他们困乏而制服（他们），追赶逃走的败兵，百万败兵横尸道路，流淌的血液可以漂浮盾牌。秦国凭借这有利的形势，割取天下的土地，重新划分山河的区域。强国主动表示臣服，弱国入秦朝拜。延续到孝文王、庄襄王，统治的时间不长，秦国并没有危机发生。

日益精进

- 秦孝文王（公元前 301 年—前 250 年 ）

  又称安国君，嬴姓，名柱，又名式，是秦昭襄王的次子。秦孝文王在位三天，就去世了，是秦国历史上在位时间最短的国君。他去世后，太子嬴子楚继位。

- 秦庄襄王（公元前 281 年—前 247 年）

  又称秦庄王，嬴姓，本名异人，后改名为楚（一作子楚），秦孝文王之子，秦始皇之父，战国时期秦国国君。

3 及至始皇，奋六世之余烈，**振长策**而御宇内，吞二周而亡诸侯，履至尊而制**六合**，执**敲扑**而鞭笞(chī)天下，威振四海。南取百越之地，以为桂林、象郡；百越之君，**俯首系颈**(xì jǐng)，委命下吏。乃使蒙恬(tián)北筑长城而守藩篱，却匈奴七百余里；胡人不敢南下而牧马，士不敢弯弓而报怨。

解字析词

- 振长策：振，举起。策，马鞭子。
- 六合：天地四方。
- 敲扑：刑具，短的叫“敲”，长的叫“扑”。

③到始皇的时候，发展六世遗留下来的功业，以武力来统治各国，将东周、西周和各诸侯国统统消灭，登上皇帝的宝座来统治天下，用酷刑来奴役天下的百姓，威风震慑四海。秦始皇向南攻取百越，把它划为桂林郡和象郡，百越的君主低着头，颈上捆着绳子服从投降，把命运交在秦的卑下的（司法）官吏的手上。秦始皇于是又命令蒙恬在北方修筑长城，守卫边境，使匈奴退却七百多里；胡人不敢向下到南边来放牧，胡兵不敢拉弓射箭来报仇。

日益精进

◆ 秦始皇

嬴姓，赵氏，名政，十三岁时即王位，平定嫪毐叛乱，除掉吕不韦，独揽大政。先后灭六国，完成统一中国大业，建立中央集权的统一的多民族国家——秦朝，自称“始皇帝”。实行三公九卿制，地方废除分封制，代以郡县制；书同文，车同轨，统一度量衡。修筑万里长城，修筑灵渠。晚年苛政虐民，扼杀民智。秦始皇奠定了中国两千余年政治制度的基本格局，被誉为“千古一帝”。

于是废先王之道，焚百家之言，以愚**黔(qián)首**；**隳(huī)名城**，杀豪杰；收天下之兵，聚之咸阳，**销锋镝(dí)**，铸以为金人十二，以弱天下之民。然后践华为城，因河为池，据亿丈之城，临不测之渊，以为固。良将劲(jìng)弩守要害之处，信臣精卒陈利兵而**谁何(hē)**。天下已定，始皇之心，自以为关中之固，金城千里，子孙帝王万世之业也。

解字析词

- 黔首：秦朝对百姓的称呼。黔，黑色。
- 隳：毁坏，崩毁。
- 销锋镝：熔化兵器。镝，箭头。
- 谁何：缉查盘问。

秦始皇接着就废除古代帝王的治世之道，焚烧诸子百家的著作，来使百姓愚蠢；毁坏高大的城墙，杀掉英雄豪杰；收缴天下的兵器，集中在咸阳，熔化这些兵器，铸成十二个铜人，以便削弱百姓的反抗力量。然后凭借华山为城墙，依据黄河为城池，（上边）依靠着高耸的华山，（下边）面对着深不可测的黄河，用来作为国家坚固的防御工事。精兵强将手执强弩，守卫着要害的地方，可靠的官员和精锐的士卒，拿着锋利的兵器，盘问过往行人。天下已经安定，始皇认为这关中的险固地势、方圆千里的坚固城防，就是子子孙孙称帝称王直至万代的基业了。

日益精进

◆ 焚书坑儒

秦始皇在公元前 213 年和公元前 212 年焚毁书籍、坑杀“犯禁者”四百六十余人。秦始皇焚书并未焚烧医学、农牧等实用技术书籍。焚书坑儒对中国文化的影响包括，加强了思想控制，有利于当时社会的稳定，有利于封建统治的巩固，但也摧毁了许多文化典籍，毁灭了许多宝贵的先秦文化，嵌制了人民思想，不利于创新和发展，对后世造成恶劣的影响。

④ 始皇既没，余威震于**殊俗**。然陈涉**瓮(wèng)牖(yǒu)绳枢(shū)**之子，甿(méng)隶之人，而迁徙之徒也；才能不及中人，非有仲尼、墨翟(dí)之贤，陶朱、猗(yī)顿之富；蹑(niè)足行(háng)伍之间，而倔起**阡(qiān)陌(mò)**  之中，率疲弊之卒，将数百之众，转而攻秦；斩木为兵，**揭竿为旗**  ，天下云集响应，**赢(yíng)粮而景(yǐng)从**  。山东豪俊遂并起而亡秦族矣。

解字析词

- 殊俗：不同的风俗，指边远的地方。
- 瓮牖绳枢：以破瓮做窗户，以草绳系户枢，形容家里穷。牖，窗户。
- 阡陌：田间小道，这里指田野。
- 赢粮而景从：担着粮食如影随形地跟着。赢，担负。景，影子，这个意义后来写作“影”。

④始皇去世之后，他的余威依然震慑着边远地区。可是，陈涉不过是个破瓮做窗户、草绳做户枢的贫家子弟，是平民当中的贱役一类的人，后来做了被征发到边地戍守的士卒；才能不如普通人，并没有孔丘、墨翟那样的贤德，也不像陶朱、猗顿那样富有。他跻身于戍卒的队伍中，从田野间崛起，率领着疲惫无力的士兵，指挥着几百人的队伍，掉转头来进攻秦国。砍下树木作武器，举起竹竿当旗帜，天下豪杰像云一样聚集像回声一样应和，许多人都背着粮食，如影随形地跟着。崤山以东的英雄豪杰一齐起事，消灭了秦的家族。

日益精进

◆ 陈涉

陈胜，字涉，秦朝末年农民起义的领袖之一。秦二世元年（公元前 209 年），他联合吴广率领戍卒发动大泽乡起义，成为反抗暴秦起义的先驱；占据陈郡称王，建立政权。后被秦将章邯所败，为车夫庄贾所害，葬于芒砀山。刘邦称帝后，追封陈胜为“陈隐王”。陈胜发动了中国历史上第一次大规模的农民起义，成为反秦义军的先驱，是中国农民起义第一人。

5 且夫天下非小弱也，雍州之地，崤函之固，自若也。陈涉之位，非尊于齐、楚、燕、赵、韩、魏、宋、卫、中山之君也；**锄耰**(yōu)  **棘矜**(jí qín)，非**铦**(xiān)于钩戟(jǐ)长**铩**(shā)也；**谪戍**(zhé shù)  之众，非抗于九国之师也；深谋远虑，行军用兵之道，**非及向时之士也** 。然而成败异变，功业相反，何也？

解字析词

- 耰：碎土平田用的农具，锄耙。
- 棘矜：戟和矛柄。棘，通“戟”。
- 铦：锋利。
- 铩：长矛。
- 谪戍：指强迫征发戍边。

⑤况且那天下并没有缩小削弱，雍州的地势，崤山和函谷关的险固，仍保持原来的样子。陈涉的地位，没有比齐、楚、燕、赵、韩、魏、宋、卫、中山的国君更加尊贵；锄头木棍也不比钩戟长矛更锋利；那迁谪戍边的士兵也不能和九国部队抗衡；论深谋远虑，行军用兵的方法，也比不上先前九国的武将谋臣。可是成功和失败发生了不同变化，功业完全相反，为什么呢?

日益精进

◆ 戟

读作jǐ，戟的基本字义是指我国独有的古代兵器。实际上戟是戈和矛的合成体，它既有直刃又有横刃，呈“十”字或“卜”字形，因此戟具有钩、啄、刺、割等多种用途，其杀伤能力胜过戈和矛。

试使山东之国与陈涉**度(duó)长絜(xié)大**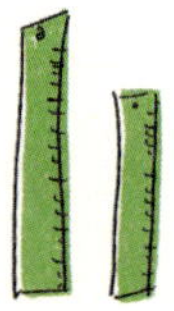，比权量力，则不可同年而语矣。然秦以区区之地，致万乘(shèng)之势，序八州而朝同列，百有(yòu)余年矣；然后以六合为家，崤函为宫；一夫作难而**七庙隳**，身死人手，为天下笑者，何也？仁义不施而攻守之势异也。

解字析词

- 度长絜大：量量长短，比比大小。絜，比较。
- 七庙隳：宗庙毁灭，就是国家灭亡的意思。

假使拿东方诸侯国跟陈涉量一量长短比一比大小，比较一下权势估计一下力量，就更不能相提并论了。然而秦凭借着它的小小的地方，发展到兵车万乘的国势，管辖全国，使六国诸侯都来朝见，已经一百多年了；这之后把天下作为家业，用崤山、函谷关作为自己的内宫，陈涉一人起事国家就灭亡了，秦王子婴死在别人（项羽）手里，被天下人耻笑，这是为什么呢？就因为不施行仁政，而使攻守的形势发生了变化啊！

日益精进

◆ 项羽

秦朝末年起义军领袖、杰出军事家，楚国名将项燕之孙，自称西楚霸王。汉王刘邦从汉中出兵，掀起历时四年的楚汉之争。项羽刚愎自用，猜疑亚父范增，终为刘邦所败。公元前 202 年，项羽退守垓下，突围乌江，最后自刎于乌江。项羽是中国军事思想“兵形势”（兵家四势：兵形势、兵权谋、兵阴阳、兵技巧）的代表人物，也是以个人武力出众而闻名的武将。李晚芳评价项羽“羽之神勇，千古无二”。

歌诀版　　　　朗读版

04

阿房宫赋

杜牧

唐朝

姓名 杜牧

别称 字牧之，号樊川居士，世称杜樊川

出生地 京兆万年（今陕西省西安市）

生卒年 公元 803 — 852 年

政务能力 70%

任监察御史　膳部员外郎　后迁中书舍人

文学造诣 95%

以七言绝句著称　人称“小杜”　与李商隐并称“小李杜”

著有《樊川文集》

生命指数

49 岁

杜郎俊赏，难赋深情

公元803年，这世界又多了一位大师，他就是唐代诗歌史上的代表人物——杜牧。十六岁自注《孙子兵法》13篇，二十岁熟读史书千百卷，二十三岁写出《阿房宫赋》，此后的岁月，他与杜甫合称“大小杜”，与李商隐并称“小李杜”。

他的杏花村，是诗人天涯孤旅中的一处歇脚地；他的铜雀台，打捞起沉埋江底六百多年的风云；他的秦淮一夜，看岸上灯火辉煌，内心怅惘；他的红尘一骑，重重悬念，层层伏笔，一笑点染，留千古慨叹。

然而杜牧终究没能实现人生理想，中年沉溺酒色，落拓半生。49岁，他一病不起，仅留毕生所著十之二三，其余付之一炬。他的一生正如他自己所书：“晓迎秋露一枝新，不占园中最上春。桃李无言又何在，向风偏笑艳阳人！”

1 六王毕，四海一，蜀山**兀**，阿房出。覆压三百余里，隔离天日。骊山北构而西折，直走咸阳。二川**溶溶**，流入宫墙。五步一楼，十步一阁；廊腰**缦(màn)回**，檐牙高啄；各抱地势，**钩心斗角**。盘盘焉，**囷囷(qūn qūn)**焉，**蜂房**水涡，矗(chù)不知其几千万落。

解字析词

- 兀：光秃，这里形容山上树木已被砍伐净尽。
- 溶溶：水流盛大的样子。
- 缦回：舒缓地迂曲。缦，萦绕，这里作“回”的状语。
- 钩心斗角：指宫室结构的参差错落，精巧工致。
- 囷囷：曲折回旋的样子。

①六国灭亡，四海统一；蜀地的山变得光秃秃了，阿房宫建造出来了。它从渭南到咸阳覆盖了三百多里地，宫殿高耸，遮天蔽日。它从骊山北边建起，折而向西，一直通到咸阳。渭水、樊川浩浩荡荡，流进了宫墙。五步一座楼，十步一个复道，走廊宽而曲折，突起的屋檐像鸟嘴向上噘起。各自依着地形，四方向核心辐辏，又互相争雄斗势。楼阁盘结交错，曲折回旋，如密集的蜂房，如旋转的水涡，高高地耸立着，不知道它有几千万个院落。

日益精进

◆ 钩心斗角

原指宫室建筑结构的交错，设计巧妙，错落参差。后用来比喻各用心机，互相排挤，明争暗斗。这个词属于古今异义。现也作勾心斗角。

长桥卧波，未云何**龙**？复道行空，不**霁**（jì）何**虹**？高低**冥迷**，不知西东。歌台暖响，春光**融融**；**舞殿冷袖**，**风雨凄凄**。一日之内，一宫之间，而气候不齐。

解字析词

- 霁：雨后天晴。
- 冥迷：幽深迷离，模糊不清。
- 融融：和煦，暖和的样子。
- 舞殿冷袖，风雨凄凄：人们在殿中舞蹈，舞袖飘拂，好像带来寒气，如同风雨交加那样凄冷。

长桥横卧水波上，天空没有起云，何处飞来了苍龙？复道飞跨天空中，不是雨后刚晴，怎么出现了彩虹？房屋忽高忽低，幽深迷离，使人不能分辨东西。歌台由于歌唱呼出的气而暖起来，就像春光那样和煦；舞殿由于舞袖引起的风而冷起来，有如风雨寒凉。一天之中，一宫之内，气候却不尽相同。

日益精进

◆ 长桥卧波，未云何龙？

意为长桥卧在水上，没有云怎么（出现了）龙？《易经》有“云从龙”的话，所以人们认为有飞龙在天翱翔的话，就应该有云。该句化用典故，用故作疑问的语气，形容长桥似龙。

② **妃嫔媵嫱**（fēi pín yìng qiáng），王子皇孙，辞楼下殿，**辇**（niǎn）**来于秦**。朝歌夜弦（xián），为秦宫人。明星荧荧，**开妆镜**也；绿云扰扰，梳晓鬟也；渭流**涨**（zhǎng）**腻**，**弃脂水**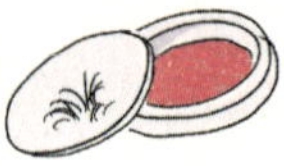也；烟斜雾横，焚椒兰也。雷霆乍惊，宫车过也；辘辘（lù lù）远听，**杳**（yǎo）不知其所之也。一肌一容，尽态极妍，**缦立**远视，而望幸焉。有不见者，三十六年。

解字析词

- 妃嫔媵嫱：统指六国王侯的宫妃。
- 辇来于秦：用车运载着来到秦国。辇，用车运，运载。
- 涨腻：涨起了（一层）脂膏。
- 杳：深远，形容声音的遥远。
- 缦立：久立。缦，通“漫”，长久。

②六国的妃嫔侍妾、王子皇孙，离开自己的宫殿，用车运载着来到秦国，他们早上歌唱，晚上奏乐，成为秦国的宫人。繁星辉映晶莹闪烁，那是宫妃们打开了梳妆的镜子；乌青云朵纷纷扰扰，这是宫妃们在梳理晨妆的发髻；渭水涨起一层脂膏，这是宫妃们倒掉的胭脂的水；烟霭斜斜上升，云雾横绕空际，那是宫女们燃起了椒兰在熏香；雷霆突然震响，这是宫车驶过去了；辘辘车声远远逝去，无影无踪，不知道它去到哪里。她们每一片肌肤，每一种容颜，都美丽娇媚得无以复加。宫妃们久久地站立，远远地凝望，盼望被始皇所宠爱。有的宫女竟整整三十六年没能见到皇帝。

日益精进

◆ 三十六年

指秦始皇在位共三十六年。按秦始皇二十六年（前221年）统一中国，到三十七年(前209年)死算，他做了十二年皇帝，这里说三十六年，是举其在位年数，形容时间长。

燕赵之收藏，韩魏之经营，齐楚之精英，几世几年，**剽**(piāo)**掠其人**，**倚叠**如山，一旦不能有，输来其间。**鼎铛**(dǐng chēng)玉石，**金块****珠砾**(lì)，弃掷**逦迤**(lǐ yǐ)，秦人视之，亦不甚惜。

解字析词

- 剽：抢劫，掠夺。
- 倚叠：指堆积。
- 铛：平底的浅锅。
- 逦迤：连续不断。这里有“连接着”“到处都是”的意思。

燕赵、韩魏收藏的金玉珍宝，齐国楚国挑选的精粹珍品，是诸侯世世代代从他们的子民那里掠夺来的，堆叠得像山一样。一旦国破家亡，这些再也不能占有了，都运送到阿房宫里来。宝鼎被当作铁锅，美玉被当作顽石，黄金被当作土块，珍珠被当作沙砾，丢弃得到处都是，秦人看见这些被扔的东西，并不十分爱惜。

日益精进

◆ 铛

读 dāng 时，可作为名词使用，意为金属制作的物品，如锒铛（锁系囚人的铁索）、“足履革屣，耳悬金铛”（女子的耳饰）；也可作为象声词使用，指撞击钟发出的声音。

读 chēng 时，指烙饼或做菜用的平底浅锅，如饼铛；也可指温器，如酒铛、茶铛。

3 嗟乎！一人之心，千万人之心也。秦爱纷奢，人亦念其家。奈何取之尽**锱铢**(zī zhū)，用之如泥沙？使负栋之柱，多于南亩之农夫；架梁之椽，多于机上之**工女**；钉头**磷磷**，多于在**庾**(yǔ)之粟粒；瓦缝参差，多于周身之**帛缕**；直栏横槛(héng jiàn)，多于九土之城郭；管弦呕哑(ōu yā)，多于市人之言语。使天下之人，不敢言而敢怒。**独夫**之心，日益骄固。**戍**(shù)**卒叫**，函谷举，楚人一炬，可怜焦土！

解字析词

- 锱铢：古代重量单位，锱、铢连用，比喻极微小的东西。
- 磷磷：水中石头突出的样子。这里形容突出的钉头。
- 庾：露天的谷仓，这里泛指谷仓。
- 独夫：失去人心而极端孤立的统治者，这里指秦始皇。
- 戍卒叫：指陈胜、吴广起义。

③唉，一个人的意愿，也就是千万人的意愿啊。秦皇喜欢繁华奢侈，人民也只顾念他们自己的家。为什么掠取珍宝时连一锱一铢都搜刮干净，耗费起珍宝来竟像对待泥沙一样？致使承担栋梁的柱子，比田地里的农夫还多；架在梁上的椽子，比织机上的女工还多；（宫门上）的钉头光彩耀目，比粮仓里的粟粒还多；瓦楞长短不一，比全身的丝缕还多；纵横交错的栏杆，比九州的城墙还多；管弦的声音嘈杂，比市民的言语还多。这样就使天下的人民，口里不敢说，心里却积怨了愤怒。可是失尽人心的秦始皇的思想，一天天更加骄傲顽固。结果戍边的陈涉、吴广率众作乱，函谷关被（刘邦）攻下，楚兵一把大火，可惜了那座阿房宫，化为一片焦土。

日益精进

◆ 吴广

吴广，字叔，陈郡阳夏县（今河南太康县）人。秦朝末年农民起义领袖。与陈胜起义后，自领都尉。公元前 208 年，为部将田臧所害。

4 呜呼！灭六国者六国也，非秦也；族秦者秦也，非天下也。嗟乎！**使**六国各爱其人，则足以**拒秦**；**使**秦复爱六国之人，则**递**三世可至万世而为君，谁得而**族灭**也？秦人**不暇**自哀，而后人**哀之**；后人哀之而不鉴之，亦使后人而复哀后人也。

解字析词

- 使：假使。
- 递：传递，这里指王位顺着次序传下去。
- 族灭：将其家族灭亡。
- 不暇：来不及。

④唉！使六国灭亡的是六国自己，不是秦国啊。使秦王室灭族的是秦王朝自己，不是天下的人啊。可叹！假使六国各自爱护它们的人民，就完全可以依靠人民来抵抗秦国。假使秦王朝能爱护六国的人民，那么皇位就可以传到三世，甚至可以传到万世做皇帝，谁能够将其家族灭亡呢？秦人来不及哀悼自己，后人替他们哀伤；如果后人哀悼它，却不把它作为鉴戒而吸取教训，也只会使后代的后代再来哀悼啊。

日益精进

- 战国七雄

战国七雄之中，秦国与其他六国以崤山为界，除了秦国在崤山以西之外，其余的六国均在崤山以东。因此这六国又称“山东六国”。六国指的是战国时期除秦国以外的齐国、楚国、燕国、韩国、赵国、魏国。六国与秦国并称为“战国七雄”。

歌诀版　　朗读版

05

兰亭集序

王羲之

姓名 王羲之

别称 字逸少，又称王右军、王会稽

出生地 琅邪临沂（今山东省临沂市）

生卒年 公元 303 年— 361 年

政务能力 70%

历任秘书郎　宁远将军　江州刺史　后为会稽内史

领右将军

书法技艺 95%

有“书圣”之称，其书法兼善隶、草、楷、行各体，摆脱了汉魏笔风，自成一家，影响深远　代表作《兰亭集序》被誉为“天下第一行书”在书法史上，他与其子王献之合称为“二王”。

生命指数

58 岁

心存癖好，不走寻常路

公元 353 年，王羲之和一群雅士来到山阴，喝酒赋诗，42 人写下 37 首，他作序：“仰观宇宙之大，俯察品类之盛，所以游目骋怀，信可乐也。”那天，是他在家国沉沦的时刻难得的消遣。

《兰亭集序》是王羲之对生命真谛的喟叹：人充满元气地、丰沛地活着，要找到陪伴一生的癖好，无论何时，你都可以向世界表达你的存在。

王羲之的癖好，是文，更是字。他的字有多好？时人赞曰：翩若惊鸿，宛若蛟龙。他早年飘逸，后博览篆、隶、碑等古迹，柔刚并济，文武相融，找到了楷书与草书的平衡，形成独创的行书。

王羲之一生都不走寻常路，他把书法当成挚友，你中有我、我中有你，最终成就“人书合一”的至高境界。

1 永和九年，岁在癸（guǐ）丑，暮春之初，会于**会稽（kuài jī）山阴**之**兰亭**，修**禊（xì）**事也。群贤毕至，少长（zhǎng）咸集。此地有崇山峻岭，茂林**修竹**，又有清流激湍（tuān），映带左右，引以为**流觞曲（shāng qū）水**，列坐其次。虽无**丝竹管弦之盛**，一觞一咏，亦足以畅叙幽情。

解字析词

- 会稽：郡名，在今浙江北部和江苏东南部一带。
- 山阴：今绍兴越城区。
- 禊：一种祭礼。
- 流觞曲水：将酒杯放入弯曲的水道中任其漂流，酒杯停在谁面前，谁就引杯饮酒。这是古人一种劝酒取乐的方式。

①永和九年，时值癸丑之年，阴历三月初，我们会集在会稽郡山阴城的兰亭，为了做消灾求福的事。众多贤士能人都汇聚到这里，年长、年少者都聚集在这里。兰亭这个地方有高峻的山峰，茂盛高密的树林和竹丛；又有清澈激荡的水流，在亭子的左右辉映环绕，我们把水引来作为漂传酒杯的环形渠水，按位次坐在曲水旁边，虽然没有管弦齐奏的盛况，但喝着酒作着诗，也足够来畅快表达深远的情怀。

日益精进

◆ 禊

古代习俗，于阴历三月上旬的巳日（魏以后定为三月三日），人们群聚于水滨嬉戏洗濯，以祓除不祥和求福。实际上这是古人的一种游春活动。

②是日也，天朗气清，**惠风和畅**，**仰观**宇宙之大，**俯察**品类之盛，**所以**游目**骋**怀，足以**极**视听之娱，**信**可乐也。

解字析词

- 惠风和畅：和风温和舒畅。
- 所以：“所”字结构，大致和现代汉语的“凭……来”相当。以，介词。凭借。
- 骋：尽情施展，放任无约束。
- 极：达到极点。这里用作使动，指使……达到极点，尽情享受的意思。
- 信：实在。

②这一天，天气晴朗空气清新，和风温和舒畅，抬头纵观广阔的天空，俯身观察大地上繁多的万物，借以舒展眼力，开阔胸怀，足以尽情享受视听的欢娱，实在令人快乐。

日益精进

◆ “天下第一行书”

指《兰亭集序》。全文28行、324字，通篇遒媚飘逸，字字精妙，点画犹如舞蹈，有如神人相助而成，被历代书法界奉为极品。宋代书法大家米芾称其为“中国行书第一帖”。后世但凡学习行书之人，都会倾心于《兰亭集序》不能自拔，赞叹于王羲之出神入化的书法技艺与如水般流畅的文采。

③夫人之**相与**，**俯仰**一世。或**取诸**怀抱，**悟言**一室之内；或因寄所托，放浪形骸(hái)之外。虽**趣**(qū)**舍万殊**，**静躁不同**，当其欣于所遇，暂得于己，快然自足，不知老之将至；及其**所之既倦**，情随事迁，**感慨系之**矣。

解字析词

- 相与：相处、相交往。
- 俯仰：表示时间的短暂。
- 取诸：取之于，从……中取得。
- 悟言：面对面的交谈。悟，通“晤”，面对面。
- 趣舍万殊：（每个人）走或不走的道路不相同，比喻每个人的志趣各不相同。趣，趋向，朝某一个方向奔去。万殊，千差万别。
- 所之既倦：（对于）所喜爱或得到的事物已经厌倦。
- 感慨系之：感慨随着产生。系，接续。

③人与人相互交往，很快便度过一生。有人喜欢展现自己的抱负，跟朋友在一室之内见面交谈；有人喜欢借助外物寄托自己赖以生活的情趣，在身体的外部环境中放纵地生活。虽然各有各的爱好，安静与躁动各不相同，但当他们对所接触的事物感到高兴时，一时感到自得，感到高兴和满足，竟然不知道衰老将要到来。等到对于自己所喜爱的事物感到厌倦，心情随着当前的境况而变化，感慨随之产生了。

日益精进

◆ “不知老之将至”

这句话出《论语·述而》：“其为人也，发愤忘食，乐以忘忧，不知老之将至云尔。”另一版本有“曾”在句前。

向之所欣，俯仰之间，已为**陈迹**，犹不能不以之兴怀，况**修短随化**，终**期**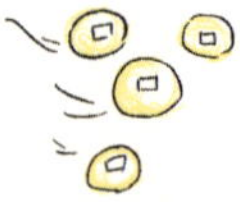于尽！古人云：“**死生亦大矣**。”岂不痛哉！

解字析词

- 向：过去，以前。
- 修短随化：寿命长短听凭造化。化，指自然。
- 期：必，必定。
- 死生亦大矣：死生是一件大事啊。语出《庄子·德充符》。

过去所喜欢的东西，转瞬间，已经成为旧迹，尚且不能不因为它引发心中的感触，况且寿命长短，听凭造化，最后必死。古人说：“死生毕竟是件大事啊。”怎么能不让人悲痛呢？

日益精进

◆ 行书

是书法的一种，在楷书的基础上发展起源，是介于楷书、草书之间的一种字体，为了弥补楷书的书写速度太慢和草书的难于辨认而产生。“行”是“行走”的意思，因此它不像草书那样潦草，也不像楷书那样端正。行书实用性和艺术性皆高。

4 每览昔人兴感之由，若合一**契** ，未尝不**临文嗟悼**（jiē dào），不能喻之于怀。**固知一死生为虚诞，齐彭殇为妄作** 

。后之视今，亦犹今之视昔，悲夫！故**列叙时人** ，录其所述，虽世殊事异，所以兴怀，其致一也。后之览者，亦将有感于斯文。

解字析词

- 契：符契，古代的一种信物。在符契上刻上字，剖而为二，各执一半，作为凭证。
- 临文嗟悼：读古人文章时叹息哀伤。临，面对。悼，悲伤。
- 固知一死生为虚诞，齐彭殇为妄作：本来知道把死和生等同起来的说法是不真实的，把长寿和短命等同起来的说法是妄造的。一生死，齐彭殇，都是庄子的看法，出自《齐物论》。一，把……看作一样。齐，把……看作相等。都用作动词。

④每当我看到前人兴怀感慨的原因，与我所感叹的好像符契一样相合，没有不面对着他们的文章而嗟叹感伤的，在心里又不能清楚地说明。本来知道把生死等同的说法是不真实的，把长寿和短命等同起来的说法是妄造的。后人看待今人，也就像今人看待前人。可悲呀！所以一个一个记下当时与会的人，录下他们所作的诗篇。纵使时代变了，事情不同了，人们因此而产生的思绪，他们的思想情趣是一样的。后世的读者，也将对这次集会的诗文有所感慨。

日益精进

◆ 兰亭

兰亭位于浙江省绍兴市西南部，离市区约 13 公里。这个古朴典雅的园子虽然不大，却为中外游人所瞩目。据历史记载，公元 353 年（东晋永和九年）三月三日，时任会稽内史的王羲之邀友人谢安、孙绰等名流及亲朋共 40 余人在此举办修禊集会，王羲之“微醉之中，振笔直遂”，写下了著名的《兰亭集序》。

歌诀版　　朗读版

06

滕王阁序

王勃

唐朝

姓名 王勃

别称 字子安

出生地 绛州龙门县（今山西省河津市）

生卒年 公元 649 — 676 年

政务能力 60%

授朝散郎　沛王（李贤）府修撰　后授虢州参军
因私杀官奴二次被贬

文学造诣 95%

儒客大家　文中子王通之孙　与杨炯、卢照邻、骆宾王共称“初唐四杰”　标志着初唐赋体的繁荣

学术造诣 80%

思想人格交融儒、释、道多种文化因子　主张“立言见志”“文章经国之大业”的教化功能

生命指数

27 岁

初唐之首，不废江河万古流

公元649年的初唐，一位“神童”呱呱落地，六岁作诗，九岁批注《汉书》，十四岁上书进谏，受封“朝散郎”，成为年龄最小的朝廷命官，写下“海内存知己，天涯若比邻”，谱写《滕王阁序》，也为世间留下了一个千古遗憾，他就是“初唐四杰”之首——王勃。

《滕王阁序》是王勃临场之作，他即兴发挥，文不加点，一挥而就，全文韵律铿锵、瑰丽壮阔、典故丰厚、晓畅通达，达到千古名篇水准，不废江河万古流。

他的一生很短，年少以才高名天下，却又在志得意满之时急转直下。作为一个生命，王勃只是一现昙花；但作为一位诗人，他如月光般散发永恒的皎洁。初唐的诗坛，因他的名字而坚挺勃发，并由此诞生了更多朝气蓬勃的新生命。

①豫章故郡，洪都新府。星分**翼轸**(zhěn)，地接衡庐。襟三江而带五湖，控蛮荆而引**瓯**(ōu)**越**。**物华天宝**，**龙光**射**牛斗**之墟；人杰地灵，徐孺(rú)下陈蕃之榻。雄州雾列，俊采**星驰**。台隍**枕**(huáng)夷夏之交，宾主尽东南之美。

解字析词

- 翼、轸、牛、斗：星宿名。
- 瓯越：泛指古代的东瓯、闽越、南越等地，相当于现在的浙江南部，福建、广东、广西等地。
- 物华天宝：物的精华就是天的珍宝。
- 龙光：指宝剑的光辉。
- 枕：倚，据。

①这里是汉代的豫章郡城，如今是洪州的都督府，天上的方位属于翼、轸两星宿的分野，地上的位置接近衡山和庐山。以三江为衣襟，以五湖为衣带，控制着楚地，连接着瓯越。这里物产的华美，有如天降之宝，其光彩上冲牛斗之宿。这里的土地有灵秀之气，陈蕃专为徐孺设下几榻。洪州境内的建筑如云雾排列，有才能的人士如流星一般奔驰驱走。城池临近中原与南夷的交界之处，宾客与主人囊括了东南地区最优秀的人物。

日益精进

◆ 滕王阁

江南三大名楼之一，位于江西省南昌市西北部，始建于唐永徽四年（公元653年），因唐太宗李世民之弟——滕王李元婴始建而得名，又因初唐诗人王勃诗句“落霞与孤鹜齐飞，秋水共长天一色”而流芳后世。滕王阁与湖北武汉的黄鹤楼、湖南岳阳的岳阳楼并称为“江南三大名楼”。历史上的滕王阁先后共重建达29次之多，屡毁屡建。

都督阎公之**雅望**，**棨(qǐ)戟(jǐ)**遥临；宇文新州之**懿(yì)范**

，襜(chān)帷暂驻。十旬休假，胜友如云；千里逢迎，高朋满座。**腾蛟起凤**，孟学士之词宗；紫电清霜，王将军之武库。家君作宰，路出名区；童子何知，躬逢胜饯(jiàn)。

解字析词

- 雅望：崇高声望。
- 棨戟：外有赤黑色缯作套的木戟，古代大官出行时用作前导的一种仪仗。
- 懿范：美好的风范。

都督阎公，享有崇高的名望，远道来到洪州做官，宇文州牧，是美德的楷模，赴任途中在此暂留。正逢十日休假的日子，杰出的友人云集，高贵的宾客，也都不远千里来到这里聚会。文坛上众望所归的孟学士，文章的辞采有如蛟龙腾空，凤凰飞起；王将军的武库里，刀光剑影，如紫电，如清霜。由于父亲在交趾做县令，我便在探亲途中经过这个著名的地方。我年幼无知，竟有幸亲身参加了这次盛大的宴会。

日益精进

◆ 交趾

又名“交阯”，中国古代地名。公元前 111 年，汉武帝灭南越国，并在今越南北部地方设立交趾、九真、日南三郡，实施直接的行政管理；交趾郡治交趾县即位于今越南河内。后来汉武帝在全国设立十三刺史部时，将包括交趾在内的 7 个郡分为交趾刺史部，后世称为“交州”。

②时**维**九月，序属三秋。**潦**(liǎo)**水**尽而寒潭清，烟光凝而**暮山紫**。俨**骖騑**(yǎn cān fēi)于上路，访风景于**崇阿**(chóng ē)；临帝子之长洲，得天人之旧馆。层峦耸翠，上出重霄；飞阁流丹，下临无地。**鹤汀凫渚**(fú zhǔ)，穷岛屿之**萦回**；桂殿兰宫，即冈峦之体势。

解字析词

- 维：句中语气词。
- 潦水：蓄积的雨水。
- 骖騑：驾车两旁的马。
- 崇阿：高大的山陵。
- 萦回：曲折。

②正当深秋九月之时，雨后的积水消尽，寒凉的潭水清澈，天空凝结着淡淡的云烟，暮霭中山峦呈现一片紫色。在高高的山路上驾着马车，在崇山峻岭中访求风景。来到昔日帝子的长洲，找到仙人居住过的宫殿。重重叠叠的山峰耸起一片苍翠，向上超出云背。凌空的阁道，散发着红光，从阁上看不到地面。仙鹤野鸭栖止的平地小洲，极尽岛屿的纡曲回环之势；华丽威严的宫殿，依凭起伏的山峦而建。

日益精进

- 三秋

古人称七、八、九月为孟秋、仲秋、季秋，三秋即季秋，九月。

③ 披**绣闼**(tà) ，俯**雕甍**(méng) ，山原旷其盈视，川泽**纡**(yū)其**骇瞩**。闾阎(lǘ yán)扑地，钟鸣鼎食之家；舸(gě)舰弥津，青雀黄龙之舳。云销雨霁，彩彻区明。落霞与**孤鹜**(wù)  齐飞，秋水共长天一色。渔舟唱晚，响穷**彭**(péng)**蠡**(lǐ)之滨；雁阵惊寒，声断衡阳之浦。

解字析词

- 绣闼：绘饰华美的门。
- 雕甍：雕饰华美的屋脊。
- 纡：迂回曲折。
- 骇瞩：对所见的景物感到惊异。
- 孤鹜：孤单的野鸭。
- 彭蠡：古代大泽，即现在的鄱阳湖。

③推开雕花精美的阁门，俯视彩饰的屋脊，山岭和平原使人们的整个视野变得很开阔，河流和湖泽使那些凝望的人惊讶它的曲折非常。遍地是小巷屋宅，许多钟鸣鼎食的富贵人家。舸舰塞满了渡口，尽是雕上了青雀黄龙花纹的大船。云消雨停，阳光普照，天空晴朗；落日映射下的彩霞与孤独的野鸭一齐飞翔，秋天的江水与辽阔的天空连成一片，浑然一色。傍晚时分，渔夫在渔船上歌唱，那歌声响彻彭蠡湖滨；深秋时节，雁群在一片寒意之中，发出惊叫，哀鸣一直绵延到衡阳的水滨。

日益精进

◆ 鄱阳湖

古称彭蠡、彭蠡泽、彭泽，位于江西省北部，地处九江、南昌、上饶三市，是中国第一大淡水湖，也是中国第二大湖，仅次于青海湖。鄱阳湖在调节长江水位、涵养水源、改善当地气候和维护周围地区生态平衡等方面都起着巨大的作用。

4 遥襟**甫**畅，逸兴**遄**(chuán)飞。**爽籁发**而清风生，纤歌凝而白云**遏**(è)。睢(suī)园**绿竹**，气凌彭泽之樽；邺(yè)水朱华，光照临川之笔。四美具，二难并。**穷睇眄**(dì miǎn)**于中天**，极娱游于暇日。天高地**迥**(jiǒng)，觉宇宙之无穷；兴尽悲来，识盈虚之有数。

解字析词

- 甫：刚，顿时。
- 遄：迅速。
- 遏：阻止，这里指被高入云霄的歌声阻止住。
- 睇眄：看。
- 迥：遥远。

④放眼远望，胸襟刚感到舒畅，超逸的兴致立即兴起。排箫的音响引来的徐徐清风，柔美轻细的歌声慢慢拉长而流动的白云被高入云霄的歌声阻止住。像睢园竹林的聚会，这里善饮的人酒量超过彭泽县令陶渊明；像邺水赞咏莲花，这里诗人的文采胜过临川内史谢灵运。（音乐与饮食，文章和言语）这四种美好的事物都已经齐备，（良辰美景、赏心乐事）这两个难得的条件合并了，向天空中极目远眺，在闲暇日子里尽情欢娱。苍天高远，大地寥廓，令人感到天地的无边无际。欢乐逝去，悲哀袭来，意识到万事万物的消长兴衰是有定数的。

日益精进

◆ 谢灵运（385 年— 433 年）

原名公义，字灵运，生于会稽郡始宁县（今浙江省上虞），南北朝时期诗人、佛学家、旅行家。谢灵运少即好学，博览群书，工诗善文。其诗与颜延之齐名，并称“颜谢”，是第一位全力创作山水诗的诗人，他还兼通史学，擅书法，曾翻译外来佛经，并奉诏撰《晋书》。明人辑有《谢康乐集》。

望长安于日下，目吴会于**云间**。地势极而南溟(míng)深，天柱高而北辰远。关山难越，谁悲失路之人？**萍水相逢**，尽是他乡之客。怀**帝阍(hūn)**而不见，奉宣室以何年？

5 嗟乎！**时运不齐(jì)**，命途多舛(chuǎn)。**冯唐易老**，**李广难封**。屈贾谊于长沙，非无圣主；窜梁鸿于海曲，岂乏明时？

解字析词

- 萍水相逢：浮萍随水漂泊，聚散不定。比喻向来不认识的人偶然相遇。
- 帝阍：原指天帝的守门人。此处借指皇帝的宫门奉宣室，代指入朝做官。
- 时运不齐：命运不好。不齐，有蹉跎、有坎坷。

远望长安沉落到夕阳之下，遥看吴郡隐现在云雾之间。地理形势极为偏远，南方大海特别幽深，昆仑山上天柱高耸，缈缈夜空北极远悬。关山重重难以越过，有谁同情我这不得志的人？偶然相逢，满座都是他乡的客人。怀念着君王的宫门，但却不被召见，我什么时候才能像贾谊那样，到宣室侍奉君王呢？

⑤唉！各人的时机不同，人生的命运多有不顺。冯唐易衰老，李广立功无数却难得封侯。让贾谊这样有才华的人屈居于长沙，并不是当时没有明君，让梁鸿逃匿到齐鲁海滨，不恰恰是在政治昌明的时代吗？

日益精进

◆ 贾谊

西汉初年著名政论家、文学家，世称贾生。贾谊少有才名，文帝时任博士，迁太中大夫，受排挤，谪为长沙王太傅，故后世亦称其贾长沙、贾太傅。三年后被召回长安，为梁怀王太傅。梁怀王坠马而死，贾谊深自歉疚，抑郁而亡，时仅33岁。司马迁对屈原、贾谊都寄予同情，为二人写了一篇合传《屈原贾生列传》。

所赖君子见机，达人知命。**老当益壮**，宁移白首之心？穷且益坚，**不坠青云之志**。酌贪泉而觉爽，处涸辙以犹欢。北海虽赊，扶摇可接；**东隅已逝，桑榆非晚**。孟尝高洁，空余报国之情；阮籍猖狂，岂效穷途之哭？

解字析词

- 坠：失。
- 东隅已逝，桑榆非晚：早年的时光虽已消逝，如果珍惜时光，发愤图强，晚年并不晚。东隅，日出处，表早晨，引申为“早年”。桑榆，日落处，表傍晚，引申为“晚年”。

可依赖的是君子能从事物的预兆中看出事物的动向，通达之人看透了自己命运罢了。年岁虽老而心犹壮，怎能在白头时改变雄心壮志？境遇虽困窘而意志更加刚强，在任何情况下也不放弃自己的凌云之志。即使喝了贪泉的水，心境依然清爽廉洁；即使身处于干涸的车辙中，胸怀依然开朗愉快。北海虽然遥远，乘着旋风仍然可以到达；晨光虽逝，珍惜黄昏却为时不晚。孟尝君心性高洁，但却空有一腔爱国热忱；阮籍为人放纵不羁，我们怎能学他那种走到穷途哭泣的情状呢！

日益精进

◆ 阮籍

三国时期魏国诗人，与嵇康、山涛、刘伶、王戎、向秀、阮咸诸人，共为“竹林之游”，史称“竹林七贤”。

⑥勃，**三尺微命**，一介书生。无路请缨，等终军之**弱冠**；有怀投笔，慕宗悫(què)之长风。舍**簪(zān)笏(hù)**于**百龄**，奉晨昏于万里。非谢家之宝树，接孟氏之芳邻。他日**趋庭**，叨(tāo)陪鲤对；今兹**捧袂(mèi)**，喜托**龙门**。杨意不逢，抚凌云而自惜；**钟期既遇**，奏流水以何惭？

解字析词

- 三尺微命：指地位低下。
- 弱冠：二十至二十九岁之间的男子。
- 簪笏：冠簪、手版。官吏用物，这里代指官职。
- 百龄：百年，犹“一生”。
- 趋庭：快步走过庭院，这里是表示对长辈的恭敬。
- 捧袂：举起双袖作揖。指谒见阎公。袂，衣袖。

⑥我地位卑微，只是一介书生。虽然和终军年龄相等，却没有报国的机会；像班超那样有投笔从戎的豪情，也有宗悫乘风破浪的壮志。如今我抛弃了一生的功名，不远万里去朝夕侍奉父亲。虽然不是谢玄那样的人才，但也和许多贤德之士相交往。过些日子，我将到父亲身边（接受教诲），对于自己也做和孔鲤一样的事情而感到羞愧；而今天我能谒见阎公受到接待，高兴得如同登上龙门一样。假如碰不上杨得意那样引荐的人，就只有抚摸着自己的文章而自我叹惜。既然已经遇到了钟子期，就弹奏一曲《流水》又有什么羞愧呢？

日益精进

◆ 高山流水

此典故最早见于《列子·汤问》，比喻知己或知音，也比喻乐曲高妙。传说先秦的琴师伯牙一次在荒山野地弹琴，樵夫钟子期竟能领会这是描绘“峨峨兮若泰山”和“洋洋兮若江河”。伯牙惊道：“善哉，子之心而与吾心同。”钟子期死后，伯牙痛失知音，摔琴绝弦，终生不弹。该典故有乐曲高妙、相知可贵、知音难觅、痛失知音、闲适情趣等典义。

7 呜乎！胜地不常，盛筵难再，兰亭已矣，梓泽丘墟。临别赠言，幸承恩于伟饯(jiàn)；登高作赋，是所望于群公。**敢竭鄙怀，恭疏短引**；一言均赋，四韵俱成。**请洒潘江，各倾陆海云尔**。

解字析词

- 敢竭鄙怀，恭疏短引：只是冒昧地尽我微薄的心意，恭敬地陈述出这篇短短的序。
- 请洒潘江，各倾陆海云尔：请各位宾客竭尽文才，写出好作品。潘岳、陆机是晋朝人，钟嵘的《诗品》中道“陆（机）才如海，潘（岳）才如江”。

⑦唉！名胜之地不能常存，盛大的宴会难有第二次。兰亭集会的盛况已成陈迹，石崇的梓泽也变成了废墟。承蒙阎都督恩赐，让我临别时作了这一篇序文，至于登高作赋，这只有指望在座诸公了。我只是冒昧地尽我微薄的心意，恭敬地陈述出这篇短序。每个人都按自己分得的韵字赋诗，都要完成一首四韵八句的诗。请各位像潘岳、陆机那样，展现如江海般浩瀚的文才吧。

日益精进

◆ 陆机

字士衡，吴郡吴县（今江苏苏州）人。西晋著名文学家、书法家。陆机“少有奇才，文章冠世”，诗重藻绘排偶，骈文亦佳。与弟陆云俱为西晋著名文学家，被誉为“太康之英”。与潘岳同为西晋诗坛的代表，形成“太康诗风”，世有“潘江陆海”之称。

歌诀版　　朗读版

07

归去来兮辞并序

陶渊明

魏晋

姓名 陶渊明

别称 自号五柳先生
世称靖节先生

出生地 浔阳柴桑（今江西九江市）

生卒年 公元 352 或 365—427 年

政务能力 60%

任州祭酒　入桓玄幕　镇军参军　彭泽县令

文学造诣 90%

饮酒诗鼻祖　咏怀诗先驱　田园诗第一人
古今隐逸诗人之宗
《归园田居》　《杂诗》　《桃花源记》　《归去来兮辞》
《五柳先生传》

出走，
是为了更好的归来

陶渊明爱酒，若不是因为做官会得到一块公田，田地可以种米，米可以酿酒，他才不会去做官。

但后来，他又不想为了五斗米折腰，于是坐船回家，微风拂过，衣衫轻扬。

门前小路虽荒芜，但松菊都长得不错，每日浇水，不必再迎来送往，这才是他真正的喜悦。庭院不再只是建筑，而是精神家园。鸟儿在外疲倦了，但只要故园还在，自然就会回来。

他总是在问，肉体究竟可以在宇宙中存在多久？追求自己生命里最自然舒展的状态有错吗？他想解脱。他要出走。

他将暂时的出走视为与灵魂对话，是镜像，是自省，是为了释放更多可能性，也是为了更好的归来。

1 余家贫，**耕植**不足以自给。幼稚盈室，**瓶**无储粟，生生所资，未见其术。亲故多劝余为长吏，**脱然**有怀，求之**靡**(mí)**途**。**会**有四方之事，诸侯以惠爱为德，家叔以余贫苦，遂**见**用于小邑。于时风波未静，心**惮**(dàn)远**役**，彭泽去家百里，公田之利，足以为**酒**。故便求之。

解字析词

- 脱然：轻快的样子。
- 靡途：没有门路。
- 会：恰逢。
- 见：被。
- 惮：害怕。
- 役：服役。

①我家贫穷，种田不能够自给。孩子很多，米缸里没有存粮，维持生活所需的一切，没有办法解决。亲友大都劝我去做官，（自己）突然有了这个想法，可是求官缺少门路。正赶上有奉使外出的事，地方大吏以爱惜人才为美德，叔父也因为我家境贫苦（替我设法），我就被委任到小县做官。那时社会上动荡不安，心里惧怕到远地去服兵役。彭泽县离家一百里，公田收获的粮食，足够造酒饮用，所以就选择了这个官职。

日益精进

◆《归去来兮辞》

晋宋之际文学家陶渊明创作的抒情小赋，也是一篇脱离仕途回归田园的宣言。这篇文章作于作者辞官之初，叙述了他辞官归隐后的生活情趣和内心感受，表现了他对官场的认识以及对人生的思索，表达了他洁身自好、不与世俗同流合污的精神情操。

及少日，眷然有归欤之情。何则？质性自然，非矫厉所得。饥冻虽切，违己交**病**。尝从人事，皆口腹自役。于是怅然慷慨，深愧平生之志。犹望**一稔**(rěn)，当**敛裳**宵逝。**寻**程氏妹丧于武昌，情在**骏奔**，自免去职。仲秋至冬，在官八十余日。因事顺心，命篇曰《归去来兮》。乙巳岁十一月也。

解字析词

- 一稔：一年。稔，谷物成熟。引申为年。这里是后者。
- 敛裳：收拾行装。
- 寻：不久。
- 骏奔：急着前去奔丧。

等到过了一些日子，便产生了留恋故园的怀乡感情。那是为什么？本性任其自然，这是勉强不得的；饥寒虽然来得急迫，但是违背本意去做官，身心都很疲惫。过去为官做事，都是为了吃饭而役使自己。于是惆怅感慨，深深有愧于平生的志愿。只再等上一年，便收拾行装连夜离去。不久，嫁到程家的妹妹在武昌去世，去吊丧的心情像骏马奔驰一样急迫，自己请求免去官职。自立秋第二个月到冬天，在职共八十多天。因辞官而顺遂了心愿，给文章命名叫《归去来兮》。这时候正是乙巳年（晋安帝义熙元年）十一月。

日益精进

◆ 《祭程氏妹文》

晋宋之际文学家陶渊明创作的一篇祭文。这篇祭文赞扬了程氏妹的言行品德，并通过回忆往日兄妹的友情而寄托深切的哀思。全文以四言韵文写成，行文或高亢或低回，充分表现了诗人内心的悲痛之情。

②**归去来兮**，田园将芜**胡**不归？既自以心为形役，**奚**惆怅而独悲？悟已往之不**谏**，知来者之可**追**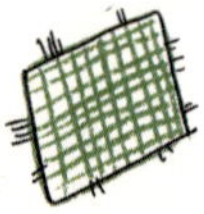。实**迷途**其未远，觉今是而昨非。**舟**遥遥以轻**飏**（yáng），风飘飘而吹**衣**。问征夫以前路，恨晨光之**熹**（xī）**微**。

解字析词

- 归去来兮：意思是“回家去了呀”。来，助词，表示祈使语气。兮，语气词，啊，呀。
- 胡：何，为什么。
- 奚：何，为什么。
- 谏：劝止，挽回。
- 追：补救，弥补。
- 飏：飞扬，形容船行驶轻快。
- 熹微：天色微明。

②回家去了呀！田园快要荒芜了，为什么不回去呢？既然自己的心灵为形体所役使，为什么如此失意而独自伤悲？认识到过去的错误已经不可挽回，知道未来的事还来得及补救。确实走入了迷途大概还不远，已觉悟到现在的做法是对的而曾经的行为是错的。船飘摇着轻快地行进，微风吹拂着衣裳。向行人打听前面的路，埋怨天亮得太慢。

日益精进

◆ 陶渊明辞官归隐

直到二十九岁时，陶渊明才谋得江州祭酒一职，却因忍受不了官场的繁文缛节，对动荡的时局心灰意冷，加之一副傲骨，他的辞官念头始终没有打消过。辞官后，他反而有一种重获自由的怡然自得。他每天饮酒，写诗。他归田后的二十多年，是创作最丰富的时期，主要作品有《归去来兮辞》、《归园田居》五首、《桃花源记》、《饮酒》二十首、《挽歌诗》三首等，他的诗文辞赋，在中国文学史上占据了一个重要的地位。

③乃瞻**衡宇**，载欣载奔。僮仆欢迎，稚子候门。三径**就**荒，**松菊**犹存。携幼入室，有酒盈樽(zūn)。引壶觞(shāng)以自酌，**眄(miǎn)**庭柯以**怡颜**。倚南窗以寄傲，审容膝之易安。园日涉以成趣，门虽设而常关。策**扶老**以**流憩(qì)**，时矫首而遐观。云无心以出岫(xiù)，鸟倦飞而知还。**景翳翳(yǐng yì yì)**以将入，抚孤松而**盘桓(huán)**。

解字析词

- 就：接近。
- 眄：斜视，这里是“随便看看”的意思。
- 扶老：拐杖。
- 流憩：指无目的地漫步和随时随地地休息。
- 景：同“影”，日光。
- 翳翳：阴暗的样子。
- 盘桓：盘旋，徘徊。

③刚刚看到自己简陋的家门，我心中欣喜，奔跑过去。童仆欢喜地前来迎接，孩子们守候在门前。院子里的小路快要荒芜了，松树菊花还长在那里；拉着孩子们的手进了屋，美酒已经盛满了酒樽。我端起酒壶酒杯自斟自饮，观赏着庭树（使我）露出愉快的神色；倚着南窗寄托我的傲世之情，深知这狭小之地容易使我心安。每天（独自）在园中散步，成为乐趣，小园的门经常地关闭着；拄着拐杖走走歇歇，时时抬头望着远方（的天空）。白云自然而然地从山穴中飘浮而出，倦飞的小鸟也知道飞回巢中；日光暗淡，太阳即将落山，我流连不忍离去，手抚着孤松徘徊不已。

日益精进

◆ 陶渊明的松菊

陶渊明喜爱菊，归隐后，他常对菊而坐，采菊东篱，以菊自喻，菊与他已经合而为一。“菊”与陶渊明的隐士生活结缘，与他的孤傲个性相关，是他自得生活的组成部分，是他愉悦心境的爱物。陶渊明同样爱松，松坚贞不屈，是陶渊明的品节与个性写照。可以说，“松菊”一方面是陶渊明飘逸、醇厚诗歌风格的酵母，另一方面是他淡泊、真淳而又孤高人格的象征。

4 归去来兮，请**息交**以绝游。世与我而相违，复驾**言**兮焉求？悦亲戚(qī)之**情话**，乐**琴书**以消忧。农人告余以春及，将有**事**于西畴。或命巾车，或**棹**(zhào)孤舟。既**窈窕**(yǎo tiǎo)以寻壑(hè)，亦崎岖而经丘。木**欣欣以向荣**，泉涓涓(juānjuān)而始流。善万物之得时，感吾生之**行休**。

解字析词

- 息交：停止与人交往，断绝交游，意思是不再同官场有任何瓜葛。
- 言：助词。
- 情话：知心话。
- 事：指耕种之事。
- 棹：动词，用桨划船。
- 窈窕：深远曲折的样子。
- 行休：将要结束。

④回家去了呀！让我同外界断绝交游。他们的一切都跟我的志趣不合，还要驾车出去追求什么？喜欢（听）亲戚们的知心话，弹琴读书能使我忘记忧愁；农夫把春天到了的消息告诉了我，将要去西边的田地耕作。有时驾着有布篷的小车，有时划着一条小船，既要探寻那深远曲折的沟壑，又要走过那高低不平的山丘。树木欣欣向荣，泉水缓缓流动，（我）羡慕万物恰逢繁荣滋长的季节，感叹自己一生行将告终。

日益精进

◆ 陶渊明诗的类型

饮酒诗

陶渊明是中国文学史上第一个大量写饮酒诗的诗人。他的诗以“醉人”的语态反映仕途险恶，表现困顿中的牢骚不平和退出官场后怡然陶醉的心情。

咏怀诗

陶渊明的咏怀诗以《杂诗》十二首、《读山海经》十三首为代表。多表现了自己归隐后有志难骋的政治苦闷，抒发了自己不与世俗同流合污的高洁人格。

田园诗

陶渊明的田园诗数量最多，成就最高。这类诗充分表现了诗人守志不阿的高尚节操，对淳朴的田园生活的热爱，对劳动的认识和对劳动人民的友好感情，对理想世界的追求和向往，如《归园田居》第三首就是有力的证明。

5 **已矣乎！**寓形宇内复几时？**曷**(hé)不**委心**任去留？胡为乎**遑遑**(huáng huáng)欲何之？富贵非吾愿，**帝乡**

不可期。怀良辰以孤往，或植杖而**耘耔**(yún zǐ)。登东皋(gāo)以舒啸，临清流而赋诗。聊**乘化**以归尽，乐夫天命复奚疑！

解字析词

- 已矣乎：算了吧！助词“矣”与“乎”连用，加强感叹语气。
- 曷：何，为什么。
- 委心：随心。
- 帝乡：仙境，神仙居住的地方。
- 耘耔：除草培苗。耘，除草。耔，培苗。
- 乘化：随顺大自然的运转变化。

⑤算了吧！身体寄托在天地间还能有多少时候？为什么不随心所欲，听凭自然的生死？为什么心神不定，还想去什么地方？富贵不是我所求的，升入仙界也没有希望。爱惜那良辰美景我独自去欣赏，要不就扶杖锄草培土；登上东边山坡我放声长啸，傍着清清的溪流创作诗章；姑且顺随自然的变化，度到生命的尽头。乐安天命，还有什么可疑惑的呢？

日益精进

◆ 陶渊明的散文辞赋

陶渊明在文学史上的地位和影响，有赖于他的散文和辞赋的，实不下于他的诗歌。《五柳先生传》重在表现生活情趣，带有自叙情怀，这种写法是陶渊明首创。《归去来兮辞》是一篇脱离仕途回归田园的宣言，文章节奏跌宕，口吻舒畅。《桃花源记》则提供了一种生活的理想模式，其中更是涉及整个社会的出路和广大人民的幸福。虽然桃花源只是一个空想，但能提出这个空想是十分可贵的。

歌诀版

朗读版